早晚課50問

學佛入門Q&A

法鼓文化編輯部　編著

〈導讀〉

做一日和尚撞一日鐘

寺院中的朝暮課誦又稱爲早晚課誦，簡稱早晚課。佛教早晚課雖源自寺院，在家菩薩依教修持，依然同霑法益受用良多。

三十多年前，在聖嚴師父座下出家，成長於農禪寺的時代，對課誦梵唄特別地投入。有一次，爲了學習擔任大悲懺法會維那，一個人在菜園旁的臨時書庫裡練習，突然感動到放聲大哭。那時，除了經常擔任每個月的大悲懺法會維那之外，遇三時繫念法會時也常常上台主法；領執維那師時，也曾經編輯過當時的課誦及法會儀式手冊。

在日本留學期間，每天固定早上誦念一遍《普門品》，比較忙的時候則念三遍《心經》，幾十聲佛號，再加上〈四弘誓願〉、三皈依、迴向。能夠順利取得學位，除了聖嚴師父的護念、僧團的護持之外，也相信冥冥之中有觀音菩薩的護佑。

早晚課對於修行的幫助之大，不可言喻，歷代祖師大德無不重視此日常功課，甚至依此成就道業，我們若學習他們的用功方法，即使不能保證悟道，也一定能確保此生三寶護佑，厚植善根。《早晚課50問》提供修行者豐富實用的課誦觀念和方法，一探早晚課殿堂奧妙，值得參考。

第一單元「與佛有約做功課」，將早晚課來自寺院的五堂功課之演變，及課誦的主要架構詳加說明。對於五堂功課，我再稍加補充說明如下：佛學家周叔迦在其〈佛教的儀式〉一章中，將晚近寺院的課誦內容分「早殿兩堂，晚殿三堂」，故稱「五堂功課」。其中晚殿內容有單、雙日之別，而一般的寺院早殿也不一定每天兩堂都做。另一種，是將寺院中一天的共修作息分為五個時段，並將僧眾的早、午齋過堂算作兩堂，加上早、晚課各一堂，而每天晚課後都要做蒙山施食，故單獨算一堂，加起來共五堂。現在各寺院多以上述第二種說法來詮釋五堂功課。

第二單元「做早晚課有方法」，對在家居士做早晚課的場地選擇、布置需求、服裝、時段等都提供很好的建議，乃至對課誦內容也列舉了參考範本。態度方面，則提醒要秉持恭敬虔誠心；課誦的方法則是「眼到、口到、心到」（在第一單元也有提到）及「全心全意在每一次的課誦」。本單元並鼓勵與家人一起共修，如果因緣尚未成熟，還是要以「家庭和樂為先」。

或許有人會說，做課誦需要這麼講究嗎？事實上，本單元提出通勤中也可以善用時間來做功課。印光大師說：「佛法從恭敬中求。」《華嚴經》說：「信為道元功德母，長養一切諸善法。」將定課與信仰融入日常生活，是落實修行的最好方式。

本單元也提到，透過規律的課誦音聲會有調氣、調心的功能。對於共修力量大，我補充說明如下：共修課誦時，從聲帶發聲，透過自己身體共鳴，再經過空氣振動，傳到殿堂空間，形成整體的共鳴，再傳回到所有共修者的耳膜、腦神經、聽覺區，這樣的巡迴共鳴，力量是相當強的。所以共修課誦時，要聽大眾、整體的聲音。《普門品》也說「梵音海潮音，勝彼世間音」，世間人迷失在音聲世界中，佛教課誦的海潮音則是清淨、莊嚴、和諧，並能與諸佛菩薩的慈悲、智慧相應，故勝過世間所有的音聲。

第三單元「朝暮課誦精進不息」，將課誦之各條目加以考據說明，以及爲何要唱誦這些內容，做了恰到好處的詮釋。對此，聖嚴師父的《學佛群疑》等著作中也有不少的釋疑，讀者可自行參考。本單元的考據可以呼應部分讀者的知性需求。當然，坊間也有《二課合解》等書，有興趣者可自行研讀。但不管是知其然，甚至是知其所以然，都僅僅止於「知識」的範圍，要有眞正的受用，還得要親自去體驗才行。一般課誦多會將功德迴向佛國淨土，但現世修行的同時，也在建設人間淨土，這才與大乘菩薩道相應，故《六祖壇經》要說：「佛法在世間，不離世間覺。」

第四單元「持之以恆的一生功課」，強調「如果少做一天的早晚課，就像一天沒有洗臉、清潔身體，無法清洗累積的煩惱塵垢」一樣。其實，早晚課的意思就是一年三百六十五天，天天要做的定課、恆課。世界各大宗教都有它們的日常課誦（或禱告），培養每天做定課的習慣，可以讓我們生活有規律、有方向而能維持心靈的健康、清淨。做「恆常不斷的一生功課」，必能夠熏習淨化我們無始以來的八識種子，將煩惱轉爲智慧而常時趣向佛道。

本書是一本重於實用而又能滿足讀者的知性需求的好書。對初學課誦者，提供了詳細的指引；對已經會課誦的人，也是值得參考的修行指南。

釋果暉
法鼓山副住持暨法鼓文理學院佛教學系主任

目次

1 與佛有約做功課

2 做早晚課有方法

3 朝暮課誦精進不息

4 持之以恆的一生功課

1

與佛有約做功課

Question

01

爲什麼要做早晚課？

學習任何課程，想要熟能生巧，都需要做定時定量的功課，才會有好的結果，學佛當然也不例外。除了做功課，如能先設定學習計畫，更能讓自己有方向可依循，有目標可努力，早晚課正是最佳的安排，讓自己身心安定而能日日好日。

修行即生活

所謂「一日之計在於晨」，美好的一天就從早課開啓！早課後，帶著諸佛菩薩的祝福，也帶著自己對衆生的祝福，歡歡喜喜地出門，所到之處無不光明吉祥！所做之事無不廣結善緣！所見之人無非人間菩薩！

下班回家，入睡前做晚課，圓滿感恩一天的生活！讓自己可以感謝三寶守

（李宛蓁 Jean Li　攝）

護、感謝大眾成就，並有機會懺悔自己所犯的錯，或反省是否傷害別人，讓自己身心不斷地進化，生活也會日新又新！

「一生之計在於勤」，養成定時做早晚課的習慣，修行自然融入生活。特別是處身日新月異的現代社會，面對多元的價值觀與瞬息萬變的社會脈動，更需要做早晚課，以幫助我們踏穩人生的道路，實踐諸佛菩薩的教誨，守護自己不迷失方向，平安生活。

每天早晚給自己一段獨處靜修的時間，當身心更安定、清淨，生活不再囫圇吞棗，就能慢慢細品出禪味。因著早晚課，在複雜的世界裡，人生可以簡單規律；在繁忙的工作裡，生活可以從容不迫。

自安安人，自利利人

學佛不可能一蹴而就，需要給自己時間與空間，慢慢熏習佛法。藉由朝暮課誦，我們每天都有提昇自己的方法，不管遭遇悲傷或徬徨，都可以誦經、持咒、拜佛、懺悔，安頓身心、沉澱自己，補充活力，重新出發。

早晚課猶如一面明鏡，能幫助我們每天反觀自心，轉煩惱爲智慧，看見自己一天比一天更快樂！一天比一天更自信！更重要的是，透過早晚課的發願與迴向，我們能感受到生命與衆生合而爲一，願意奉獻有限的生命以感恩世界。

早晚課，是自利利人的一門好功課！

Question
02
爲何稱課誦爲功課？

課誦亦稱「功課」，是由於佛教相信能以課誦獲得修行的功德。課誦通常分爲早、晚兩次，所以也稱「二課」、「二時功課」與「早晚課」。

佛教功課非一般作業

清末民初的興慈法師於編著的《二課合解．示要》內，特別指出佛教功課與一般功課的定義不同。讀書人稱事有成效爲「功」，計算進度爲「課」；或定課程以希望表現成績，也稱「功課」。但是佛教的「功課」，則是計功於三寶，端視自己學佛的用功程度，將功課當成日常修行的標準。

若學佛沒有儀軌可修持，會危疑不定；若修道沒有課程可依循，會迷惘困

（李宛蓁 Jean Li　攝）

惑。因此，為自己安排早晚課，正是堅定修行不徬徨，追求進步的最佳良方。

體會諸佛功德海

雖然課誦可以獲得功德，但是和職場業績不同，並非只要累積次數多，即能眞正受益，關鍵在於是否能與佛菩薩心心相印。如果心急貪快，反而無法從課誦中體會到諸佛菩薩的慈悲願海與光明智慧，所以做功課時，要字字分明，清清楚楚，眼到、口到、心到。佛菩薩的名號即是他們的功德力，用心稱念，自然即是身在功德海。而歡喜迴向祝福，則能讓眾生一起悠遊諸佛世界，自有其功德！

Question

03

爲什麼寺院每日必做早晚課？

早晚在佛殿課誦，是僧人每日的定課。

朝暮課誦是修行基石

朝暮課誦是僧人修行的基石，聖嚴法師曾勉勵出家弟子：「初出家者當以生活威儀及課誦的熟習爲首務。」維持僧團的清淨和敬，律儀與規範非常重要，朝暮課誦能讓每一僧人自然融入團體裡，同成佛道。只要熟習朝暮課誦的內容和精神，就能認識佛法，養成僧人的威儀，產生引領大衆的凝聚力量，進而對外弘法。

因此，朝暮課誦不只是增長個人修行的道業，更影響寺院的道風。聖嚴法師在《行雲流水》一書記述，他率團參訪雲南雞足山，金頂寺的當家師帶著三位住

菩提於意云何三千大千世界所
有微塵是為多不須菩提言甚多
世尊須菩提諸微塵如來說非微
塵是名微塵如來說世界非世界
是名世界須菩提於意云何可以
三十二相見如來不不也世尊不
可以三十二相得見如來何以故

（施純泰　攝）

眾上殿做早晚課，「出家人……晨鐘暮鼓地課誦不輟，相信他們一定是有發大悲願及有大善根的菩薩行者。」因此，聖嚴法師說：「縱然出家人住於寺院而不與世俗接觸，也未能即身成就，只要每日課誦不斷，爲社會、國家、人類、世界眾生的幸福祝願，已經功德無量。」

朝暮課誦調心也調身

早晚課誦可視爲僧人對自己的「晨昏定省」，能安定、淨化、調伏心性。規律的課誦，除了在修行上能累積資糧，也能從中學習放下我執。例如當聽到做早晚課的法器訊號，僧眾即要放下正在做的事，齊赴大殿做早晚課。從隨眾作息學習放下自我，體驗共修的力量。

課誦的梵唄唱誦，對健康也頗有助益。課誦的基本原則是放鬆，只要能放鬆，呼吸、發聲、動作等便會協調而不緊繃，容易觀察身心的變化做調整。讓自己全神貫注投入課誦，將能感受身心彷彿煥然一新。

早課依佛菩薩的守護力，提起精進心；晚課除祈願歸向淨土，還能生起對眾生的慈悲心，因此，朝暮課誦也是冥陽兩利的佛事。

寺院看似日常的暮鼓晨鐘生活，卻是維持中國佛教傳承的重要穩定力量，讓佛法能夠生生不息、正法久住！

Question 04

寺院的朝暮課誦怎麼來的？

出家必修的五堂功課爲：早課、晚課、蒙山施食、早齋與午齋，朝暮課誦就占兩堂，可見其重要性。寺院稱朝暮課誦爲「早殿」和「晚殿」，是每日必修的功課。

寺院將功課時間訂爲朝、暮二時，是因僧衆晨昏之時，要以課誦來做自身修行的準則，如同興慈法師在《二課合解》所說：「朝暮不軌，猶良馬無韁。」沒有轡的馬，容易失去方向，離道日遠，所以需要早晚課做爲軌範。課誦內容皆爲針對修行的提醒，早課可清淨思維，提振道心，晚課則可避免昏昧，警醒精神。

朝暮課誦的源流

關於課誦最早的中國古籍記載，可追溯至《吳書．劉繇傳》，當時的重樓閣道可容三千多人，全部一起課讀佛經，讓對學佛有興趣的人都能共同聞法受道。雖然課誦的歷史悠久，但是中國佛教原本沒有統一的規範，出家衆課誦的規定，創始於東晉道安法師，他將課誦儀制納入《僧尼軌範》，成爲寺院早晚課誦的起源。

佛門必備課誦本

但是道安法師所制的《僧尼軌範》，並未針對朝、暮二時設定儀軌。朝暮課誦的基本雛形，源自唐代百丈禪師的《百丈清規》，後於元代德輝禪師重編爲《敕修百丈清規》，統整一些寺院已實行的早晚課制。

到了明代，禪宗叢林形成固定的朝暮課誦，成爲了寺院普遍奉行的早晚課。明末蓮池法師重編的《諸經日誦集要》，後經蕅益法師重刊，直接影響清代的《禪門

（釋常鐸　攝）

日誦》與民國的《佛門必備課誦本》。民國時的興慈法師編著《二課合解》，則詳盡解說朝暮課誦，廣爲流通。朝暮課誦經歷代高僧大德如此愼重推敲斟酌制定，成爲了佛教修行必備指南。

寺院的朝暮課誦，除了僧衆外，也歡迎社會大衆共同參與，一起領受法喜。如有機會到寺院參訪，不妨把握機會參加早晚課，體驗佛門祖師代代相傳的清涼法音，以及共修力量。

Question

05

朝暮課誦誦什麼？

課誦的結構

傳統佛教朝暮課誦的內容，主要分爲三個部分：

1. 正文：早課從〈楞嚴咒〉開始，晚課從《阿彌陀經》開始，直至稱念佛號爲課誦正文。
2. 迴向：早晚各有〈迴向文〉和〈三皈依〉爲普皆迴向。
3. 祝禱護神：每逢農曆初一、十五，有不同日期的祝讚以祝禱護神，例如〈韋陀讚〉。

現代寺院早晚課的變革

《黃檗清規》記載的明代禪門念誦情形，與今日佛門相差不多。《禪門課誦》

（釋常鐸　攝）

的五堂功課，大致包括：〈楞嚴咒〉、〈大悲咒〉與〈十小咒〉、《阿彌陀經》、〈大懺悔文〉、蒙山施食。

然而，傳統寺院的早晚課，可能需要費時一、兩個小時，隨著寺院生活型態的轉變，目前各寺院的早晚課內容、時間皆有所調整。

以法鼓山的早課爲例，早上六點開始，誦〈楞嚴咒〉後，接《心經》與「摩訶般若波羅蜜多」三稱，最後是〈四弘誓願〉、三皈依與迴向。晚課則單日誦《阿彌陀經》，雙日誦〈大懺悔文〉，接著是蒙山施食，最後是〈四弘誓願〉、〈普賢警眾偈〉、三皈依與迴向，早晚課的時間長度，皆爲四十分鐘。

其他道場的早晚課內容，可能因修行法門與早晚課時間長短不同，而有一些差異。

Question

06

寺院早晚課，單日、雙日誦的內容有何不同？

每個寺院的宗風與修行法門不同，早晚課時間長短不同，朝暮課誦的內容，也可能不一樣。比如有的寺院早課內容，皆固定不變，有的寺院則是單日、雙日有所不同。通常來說，一般寺院的早課，農曆單日誦〈楞嚴咒〉，農曆雙日則誦〈大悲咒〉。晚課則是「單日彌陀雙日懺」，意即農曆單日誦《阿彌陀經》，雙日則誦〈大懺悔文〉、拜八十八佛。

寺院會有單日與雙日的不同課誦安排，主因針對修行需求安排。例如晚課以「歸向淨土」爲要，唱《阿彌陀經》，以觀想極樂世界的殊勝莊嚴；而拜〈大懺悔文〉則能隨文反省自己的身、口、意行爲，藉由唱誦諸佛名號，與拜八十八佛，向諸佛懺悔無始劫以來所造的罪業，眞誠悔過，發願改過。

（釋常鐸　攝）

寺院早晚課，單日、雙日誦的內容有何不同？

Question

07

一定要依《朝暮課誦本》在家做早晚課嗎？

居士在家自修時，雖然不像寺院的法會共修，需要有共同的課誦本，但是如能使用《朝暮課誦本》做早晚課，較易掌握修行的流程與方法，循序漸進收攝身心，堅定信仰。

持之以恆修持

早晚課是最小型的法會，《朝暮課誦本》的儀軌內容，從供養、禮拜、持咒、誦經、懺悔、發願、皈依到迴向，不但能幫助我們調柔身、口、意，清楚自己的心，達到「諸惡莫作，眾善奉行，自淨其意」，更能化諸佛菩薩悲願為己願，相信自己能夠成就佛道。

（釋常鐸　攝）

彈性調整課誦內容

然而，現代人生活忙碌時間有限，可能無法依照《朝暮課誦本》做功課。不妨依《朝暮課誦本》選擇適合的內容與長度，做彈性調整安排。例如早課以持誦〈大悲咒〉、《心經》爲主，晚課則持誦《阿彌陀經》（或〈大懺悔文〉）、〈往生咒〉，再加上佛菩薩聖號、〈四弘誓願〉、三皈依、迴向。

如果生活作息與環境條件，無法使用《朝暮課誦本》做功課，也可以調整定課內容，擇一固定方法，如念佛、誦經、持咒或禪坐，做爲自己的早晚定課。

Question

08

早晚課和定課有何不同？

定課，是指每日在固定的時段，做著相同的功課，如誦經、禪坐、持咒、鈔經或拜佛。因此，早晚課也屬於定課的一種。

但是，早晚課也稱「課誦」，是指早、晚二時課誦，因此，禪坐、鈔經可以是個人的早晚「定課」，卻非早晚課。

依個人的時間和需求安排

定課的種類很多，初學者可依個人的時間和需求選擇修行方法，重點在於恆常、不間斷。早晚課則源於寺院的朝暮課誦，是學佛修行的基礎。如果能在固定時間做早晚課，將有助於安頓身心。

早晚課的儀軌，其實就是一場法會，讓我們能夠每日與法相會。在家居士雖有種種工作與家務塵勞，仍能透過早晚課沉澱自我，體驗清淨的修行生活。

長遠心最重要

若因家庭生活作息與工作因素，不便固定做早晚課，也可改爲選擇一種定課，例如每日固定持誦一部經，或持一個咒語，或是禪坐。

當然，如果時間許可，也可以在早晚課後，再針對自己的修行所需，增加誦經、禪坐或鈔經等不同的定課。

不論是選擇單一定課，或是做早晚課，最重要的是不間斷的長遠心，才能滴水穿石，以法水滌淨身心。

（李宛蓁 Jean Li　攝）

Question

09

早晚課對修行有何幫助？

雖然生活即修行，我們隨時隨地都能將佛法運用在日常生活裡，但是如果平日沒有透過定課安定、淨化身心，當遇到困頓或衝擊時，內心就容易受到外境影響，而產生挫折的情緒。

老實做功課

早晚課正是培養良好習慣，定時定量、自我精進的最佳定課，能幫我們每日補充修行能源，不斷進步，累積成佛的功德。如同廣欽老和尚曾經說早晚課若能專精：「身心漸定，智慧得開，能成就祖師，不可忽之。」確實，每日老實做功課，三藏十二部智慧盡在此，成佛作祖不必遠求。

多重益處助修行

做早晚課的好處，如人飲水，冷暖自知。做一次功課，即能安一天身心，積一分功德。至少有十大益處：

1. 提供自己每日專心修行的機會。
2. 熏習佛法，熟能生巧。
3. 提起精進用功的道心，修行成長。
4. 早課能充沛活力，展開新生；晚課能沉澱身心，消除壓力。
5. 觀照自我，修正身、口、意行爲。
6. 消除貪、瞋、癡煩惱，培養戒、定、慧的修行資糧。
7. 懺悔業障，避免魔障，減少修行障礙。
8. 迴向發願，開拓無量慈悲心。
9. 培養修行長遠心，恆不間斷。
10. 累積課誦功德，成就道業。

每日做早晚課，能讓我們的心如磁鐵，吸引善念與善緣，遠離惡念與惡緣，成就一切美好因緣。

Question

10

禪修者爲何要做早晚課？

有些人以爲禪修者行住坐臥皆是禪，生活無拘無束，自然不拘泥於規矩，不需要按表操課做早晚課，這是很大的誤解。眞正的自由，必須要能做自己心的主人，每日固定的早晚課、禪坐定課，正能幫助我們調伏散亂、心猿意馬的心性。

兩堂課誦驗證工夫

清朝玉琳國師因見臨濟宗僧衆課誦不用心，特別警惕大衆不可以對課誦敷衍了事，因爲佛所說的眞理實相、解脫之法，全部都在課誦中。因此，千萬不要誤會，以爲少念佛才像個禪門弟子。一個眞實學道者必須立定腳跟，努力修行，不可擾亂課誦清規。

玉琳國師認爲，想要知道禪修者的修行工夫，行解是否相應，見地是否超越，從兩堂課誦就能得知，不必另行勘驗。如同國師之見，眞正用功的禪修者，不論是在禪堂禪坐或佛堂課誦，甚至是在日常生活裡，都能以禪法調心。

禪法非口頭禪

而據《百丈叢林清規證義記》記載，不用心課誦會受處分，例如誦經時雜談戲笑，或偷懶不出聲等等，由此可見禪門對於課誦的重視。佛教祖師尚且如此，我們如何能輕視課誦呢？

習禪要得身心自在，必須用方法鍛鍊身心，才能在遇到考驗時，不受外境影響，保持內心的平穩與安定。做早晚課，正是鍛鍊身心，轉化生活習慣與培養處世智慧的好方法。

（釋常鐸　攝）

Question 11

禪宗以參禪爲主，爲何會有經咒並列的課誦？

中國禪宗的課誦，起源自百丈懷海禪師建立的《百丈清規》。而目前中國佛教使用的課誦內容，基本上出自《禪門日誦》，以禪宗的課誦爲主軸，再加上淨土法門與其他重要懺儀。

統攝與融合中國佛教精華

雖然誦經與持咒，本非禪宗的主要修行法門，卻是禪門寺院不可缺少的重要日課。《禪門日課》，看似爲禪宗的修持功課，其實已統攝與融合中國佛教各宗精華，例如有華嚴宗的《華嚴經》內容，有天台宗懺儀，也有淨土宗的經典與儀軌等等。從中也可看出，禪門化繁爲簡的教法智慧。

這樣的廣納百川態度，從百丈懷海禪師的《百丈清規》即可看出，不但禪門舉辦的法會，持誦《華嚴經》、《楞嚴經》、《法華經》、《金光明經》、《金剛經》……，而且也持誦咒語，所以當時禪門修行並不偏廢經咒，反而善用課誦的音聲法門輔助修持。

課誦能明心見性

而禪宗對課誦與懺悔法門的重視態度，從惠能大師在《六祖壇經》的教導，即可得之。惠能大師於《六祖壇經》的〈懺悔品〉，勉人要發〈四弘誓願〉，並授三皈依，禪門其後便將〈四弘誓願〉與三皈依收錄於課誦。課誦佛經更有助於參禪，開發智慧，領悟自心本性，正如惠能大師勉人誦「摩訶般若波羅蜜多」。

由此可知，禪宗的課誦不只是培養道心，培植福德，其實是將課誦視同參禪的功課。不論是誦經、持咒，或是禮佛、拜懺，都能助人明心見性，直了成佛。

Question

12

佛陀未做早晚課，佛弟子爲何要做？

佛陀時代的僧團沒有早晚課，朝暮課誦是中國佛教的修行特色。

學佛陀用功不放逸

然而，佛弟子不能以佛陀未做早晚課爲理由，就抱持無所謂的態度。佛陀雖然沒有帶領僧團做朝暮課誦，可是當時的僧衆都是全天精進修行，分分秒秒不放逸，所以既不必另外抽出時間做定課，也不用佛陀督促用功。

與佛同在

現代生活忙碌複雜，我們無法如佛陀心無旁鶩於修行，但是透過早晚課的機會，就能掌握修行良機，每日都有專心修行的幸福時刻。

我們無緣生於佛陀在世的時代，既然佛已不在世間，又該如何與佛團圓？藉由早晚課的機會，持誦經典，我們可以一次次重溫佛所說的教法，感受與佛同在的力量。並在每一次唱誦、禮拜三皈依時，問一問自己，是否有更多的內心覺照能依法奉行，活用佛法自利利他，眞正相信佛、皈依佛？以此爲自己念念不息的明燈，爲生生世世的道路。

（釋常鐸　攝）

2

做早晚課有方法

Question

13

做早晚課有要領嗎？

做早晚課最重要的要領，在於恭敬心與專注，身心合一。

眼到、口到、心到

《百丈叢林清規證義記》勉人課誦的態度，應該兢兢業業，不昏沉、不散亂、不懈怠、不貪利、知因果、知慚愧。課誦的方法，則應：「誦其文，思其義，行其事，踐其實。必使身與口合，口與心合。」口誦課誦文，思考其中的義理，依著義理身體力行，實踐佛法，也就是做到「信、解、行、證」。

如果能夠依照這個要領，眼到、口到、心到，一心稱念，字字分明，便是自利利他的法布施。用功課誦，自得人天敬重與守護。反之，如果課誦不具誠意，

（李宛蓁 Jean Li　攝）

有口無心，就失去了做早晚課的目的了。

《二課合解》課誦指南

想要了解朝暮課誦修行重點與心法，可以參考興慈法師編著的《二課合解》的〈示要〉、〈早課綸貫〉、〈暮課綸貫〉三篇文章。

〈示要〉勉勵做功課者，身要端肅不懈，口要念誦貫徹，意要注心不移。如果身能恪恭不怠，口能出音明爽，意能同時觀想口中所誦的內容，就能與佛心感應道交。

因此，早晚課不只是以音聲唱誦，必須身、口、意三業全神貫注，並落實於我們的生活，改變身心行爲，提昇生命的品質。

Question 14

在家做早晚課的流程爲何？

在家做早晚課的流程非常簡單易行，主要爲預備動作與課誦。

預備動作

家中如設有佛堂，課誦前應先做供養（供水、獻香等）、頂禮三拜。若無佛堂，則以佛經代表佛像，不必另設香爐、燭台，也不用供水、供花、燃香，只要在課誦前後，禮佛三拜即可。

內容與方法

早晚課的項目可多可少，端看個人的時間與相應的課誦內容。課誦前後，可以發願祈求現世或來世利益，但課誦時，應專心一意於課誦，以無所求的心來做功課。

一般而言，早課內容依序包括：

1.〈大悲咒〉三遍至七遍。
2.《心經》一遍。
3.「摩訶般若波羅蜜多」三稱。
4.阿彌陀佛或觀世音菩薩聖號四十八或一百零八遍。
5.普賢十大願王或〈四弘誓願〉。
6.三皈依。
7.迴向。

晚課內容則包括：

1.《阿彌陀經》或〈大懺悔文〉一遍；也可誦〈大悲咒〉七遍。

2.《心經》一遍。
3.〈往生咒〉三遍。
4.阿彌陀佛或觀世音菩薩聖號四十八或一百零八遍。
5.〈四弘誓願〉。
6.〈普賢警衆偈〉。
7.三皈依。
8.迴向。

以上皆爲念誦，時間約在半小時左右，如果時間允許，可酌量增加課誦內容，將定課時間延長爲四十五分鐘或一小時，例如早課加誦〈楞嚴咒〉及〈十小咒〉，晚課增加《普門品》或將〈大悲咒〉的持數增加爲二十一或四十八遍。如果不增加課誦內容，也可在早課之前，以及晚課之後打坐二十至三十分鐘，或者以定數（或定時）的方式拜佛。

（梁忠楠　攝）

做早晚課目的在培養安定心、持續力、清淨心，以能持續做到爲目標，因此在內容長短部分，仍應以能達到爲目標，即便是誦一部經也可以的。

Question

15

如何選擇早晚課的內容？

做早晚課的第一步，就是挑選適合的《朝暮課誦本》。

坊間的《朝暮課誦本》有多種版本，不但書店、寺院可以請購，也有很多地方可索取結緣書。由於《朝暮課誦本》是每天都要使用的法本，建議要選擇適合自己的版本。首先建議在家居士使用現代新編的《朝暮課誦本》，比較實用易讀；內容部分，則應使用與自己修行法門相應的版本。

選用現代新編版本

類似《禪門日誦》的古籍本，收錄內容雖然豐富，但是比較針對寺院需求，所以很多收文居士的早晚課都使用不到。因此，對在家居士來說，使用現代新編的《朝暮課誦本》，會比較方便。

現代新編的《朝暮課誦本》，有的應寺院使用法器所需，而有板眼符號，在家居士不需要使用法器，所以應選用沒有板眼符號的課誦本，版面清爽，比較容易專心課誦。

實用易誦的課誦版本

由於課誦本有許多咒語與難字，初學者可以選擇有加注音的版本，可以安心課誦，不必擔心發音問題。課誦本的字級也不宜太小，以免眼睛疲勞，太過耗神，同時也能避免誤讀。

有些出版社推出新式課誦本，選用現代字體以及專業排版，層次分明、行間寬鬆好讀，既適合初學者，銀髮族課誦也不費力。而法鼓文化所出版的《佛教朝暮課誦本》搭配米色護眼紙，以及適中的開本尺寸，在家捧讀或攜帶外出皆適宜，內容包括：〈楞嚴咒〉朝課、〈大悲咒〉朝課、《佛說阿彌陀經》晚課、〈禮佛懺悔文〉晚課、禪修朝課、禪修晚課，都是適合居士的實用課誦文，讀者可做爲選擇參考。

在練習早晚課前，也可以先去參加寺院的朝暮課誦，隨眾唱誦，熟悉流程與方法。但是在家使用的課誦本，還是選用適合自己的版本最好。

（釋常照　攝）

Question

16

在家做早晚課要穿海青嗎？

獨自在家做早晚課時，可以不穿海青；但是如果參與團體共修，宜穿著海青爲佳。

方便專心修道

海青是漢傳佛教佛教徒，在禮佛、誦經或集會時所穿的衣服，也可說是佛教徒的一種「禮服」。穿著海青，不僅是對與會大眾的尊重，也是對於佛、法、僧三寶的禮敬。穿著海青是爲了使我們共修時整齊、莊嚴，避免分心、散心，是爲人助道，也是方便自己專心修道。

（梁忠楠　攝）

以法為衣

穿著海青，主要爲了在共修時莊嚴法會，所以獨自在家早晚課時，只要服裝整齊清潔，穿著舒適，讓自己能夠專心即可。

做早晚課，可以透過誦念佛陀的教誨，憶念諸佛菩薩，堅定學佛的願心，並反省自己是否已實踐佛法。正如《維摩詰經》所說：「慚愧之上服，深心爲華鬘。」對修行者來說，慚愧就是上好的衣服，可以防非止惡；深切的求道之心，就是最美的裝飾。做早晚課時如果能如實地懺悔並且發願，就如同以法爲衣，以佛法保護自己，以佛法莊嚴自己。

Question 17

一定要對著佛像做早晚課嗎？

不一定需要。課誦時，設有佛像的目的，是提醒人生起恭敬心和專注力。佛陀已不在人間，但是佛法卻依然能普傳世間，這是因爲佛弟子都身體力行佛法。早晚課不但是禮敬外在的佛，也是禮敬、開啓自己內在的佛。

用功修行是本分事

我們對著佛像做早晚課，並非要佛見證我們的用功修行，用功修行是佛弟子的本分事。不需要擔心自己煩惱重、心事多，是否會對佛不敬；或是掛念著自己用不用功，佛菩薩是否知道。這些都是應該放下的妄念。因此，無論對著佛像或佛經課誦，都可以放鬆身心，只管一心用功即可。

（李宛蓁 Jean Li　攝）

見法即見佛

家中如無佛堂，可以佛經代表佛像。禮佛、敬佛，除感念佛恩、向佛學習，主爲調伏我們的慢心，拜經、敬經也有同樣的修行涵義與功能。

見法即見佛，不論是否對著佛像做功課，只要我們虔心課誦體會佛法，佛的智慧光與慈悲力，自然會照耀與溫暖我們。

Question 18

沒有佛堂也可以做早晚課嗎？

家中如果沒有佛堂，可選擇安靜、清淨、明亮的空間做早晚課。要留意光線是否充足，柔和不刺眼，以及空氣是否流通，以免容易昏沉。

容易安定的空間

通常類似書房這樣獨立的空間，不會影響家人作息處，又安靜、潔淨，一進入就能感到安定，也很適合做早晚課。經本可以置於書桌，方便禮拜。課誦時，可以採用站姿，或跪於方墊上，也可坐在椅子或蒲團上，姿勢能放鬆身心、保持專注即可。

如果不影響家人生活，或是家人願意一起共修，也可以選在客廳。如果最方

（梁忠楠　攝）

便處只有臥房，也可以在這裡做功課，但有時臥房的舒適環境，可能會比較容易讓人鬆懈昏沉，說不定早課還未做，又睡起回籠覺了。因此，如果是在臥房做早晚課，最好不要在床上做早晚課，或是應將枕頭、棉被疊放整齊。環境整潔，布置簡單少雜物，有助於避免分心，能專注修行。如果外境需要配合家庭需求，難以調整，那便回歸我們的心，心念虔敬，當下即是淨土。

把握修行的機會

雖然在家裡做早晚課，比較容易安定身心，可是如果只有上班通勤，才有時間做早晚課。也可以考慮在搭車時段做早晚課。由於可能處身於人聲吵雜的環境，所以在做功課前，不妨先做幾次深呼吸，幫助自己安定身心。由於車內不適合出聲念誦課誦本，在心中默念即可，最好不要造成他人困擾，太引人側目，這樣自己也才能安心做功課。在外用功時，我們可以將自己的心當成佛堂，安於當下，把握機會。

Question 19

早晚課的時段，何時比較適合？

每天做早晚課就像對著佛菩薩晨昏定省一般，要選在自己起床後與就寢前的時段爲宜。通常，這時候也比較沒有家務或工作，需要急著處理，能安心自在地做功課。

早課開啟元氣

早課應選在頭腦清楚、身心舒暢的時段，讓自己能在定靜中開啓一整天的生活元氣，同時也透過發願，以大信心、大願心、大憤心，堅定修學的方向。

因此，起床後，應先盥洗，再容光煥發地做早課。在做早課前，可以喝溫開水，但最好先不要用早餐，因爲比較容易集中精神，不受外境影響。如果用過早餐再做功課，胃腸仍在消化食物，飽腹狀態下，可能容易昏沉。

晚課沉澱身心

晚課的功能爲，經過一天的忙碌擾攘之後，能讓我們重新沉澱身心，反省一天的言行舉止，至心懺悔、迴向，藉此調柔自心，讓身、口、意三業回歸清淨與安定。

較佳的晚課時段，爲晚餐休息過後，就寢前的時候。通常這時候，家人們也準備就寢，比較方便專心做功課。如果是在晚餐前的時段，比較方便安排時間，也可以固定在此時做晚課。

如果早晚都抽不出時間，只有午休時段有空，也可以先試著做午課，待有機會再做早晚課。

（釋常鐸　攝）

Question

20

做早晚課一定要念國語嗎？

用任何語言做早晚課都是可以的，只要使用自己能夠自然唱誦的語言即可，像是臺語、客語、日語、英語皆可。目前在坊間市面上，也可以找到許多不同語言的課誦本。

做早晚課，重在了解課誦內容的意義，並誠心誦念。例如念至〈大悲咒〉，就應當憶念觀世音菩薩的大悲心，願以此咒救助一切眾生。念至〈四弘誓願〉，則應當明白每個誓願的用意，深心發願以佛法自利利他。

早晚課誦的重點在於自己的心念，至於口念何種語言，皆不妨礙。課誦時要以心念帶領口念，課誦後再身體力行佛法，才是早晚課誦的眞正意義。

Question 21

能背誦全部經咒才是眞用功？

背誦經咒有助於課誦，但並非將全部的經咒都背起來，就代表眞用功。努力持之以恆做定課，全心全意在每一次的課誦，才是用功的基本態度。

恆常定課助記憶

熟記經咒可以讓課誦更得力，因爲眼睛不需追逐文字，而且也可時時在心中練習，時時精進。但是如果沒有持之以恆地維持定課，則成了本末倒置。無論用什麼方法背誦，都應以做定課爲基礎，再另外以反覆聆聽CD、抄寫等其他方式慢慢記憶。透過課誦時的虔敬心來背誦，必定可以事半功倍，自然而然將經咒熟記於心。

專心一意才重要

課誦同時也在修練我們的心，學習放鬆自己、收攝心念，內心是否專注、安定，也會明顯地反映在課誦的狀態上。縱使熟記經咒，倘若因此而鬆懈，反而會在課誦時失去專注。所以，在課誦時不應對是否熟記經咒抱持得失心，不必勉強背誦課誦本，每一念都清楚、明白，就是眞用功。

（釋常鐸　攝）

Question

22 使用《朝暮課誦本》有需要特別留意處嗎？

法從恭敬心中求，所以我們對待經本，要如同禮佛般恭敬請法。《朝暮課誦本》是做早晚課的法本，也需要用心對待。

以恭敬心對待

如果《朝暮課誦本》收於書櫃，未特別放置於佛堂，最好能將佛經與一般讀物分開排列。應以恭敬心對待課誦本，勿以散亂心隨意堆放桌上或床上，或另疊放雜物。若需要袪除課誦本灰塵，應以乾淨的布帕來潔淨，不宜粗魯用嘴吹拂或隨手揮除。

若是平常研讀《朝暮課誦本》，擔心休息時會忘記閱讀處，可用紙條或書籤

（李宛蓁 Jean Li　攝）

夾頁代替折書角。課誦本應保持潔淨，所以不宜用紅筆劃線或書寫個人想法，如有需要摘要，可以另備筆記本書寫。

珍惜聞法機緣

在課誦前，要先洗淨雙手，再取出《朝暮課誦本》。可以手持課誦本，也可以將課誦本放於桌面，如有讀經架，也可放於讀經架上。如是採坐姿課誦，宜端身正坐，勿翹二郎腿或是托腮。

如此敬重《朝暮課誦本》，是為提醒自己要珍惜聞法機緣，收攝散亂的心，幫助自己莊嚴身心，契入佛法智慧。

Question

23

要吃素才能做早晚課嗎？

課誦與讀經、禪坐一樣，是人人都可修行的法門。非素食者，當然也可以做早晚課。

佛教並無規定佛教徒，必須素食才能學佛、修行。但是，如果能在學佛後，漸漸自然習慣素食，則能對修行有很大的幫助。

佛教鼓勵吃素，主要原因有三：1.培養慈悲心，2.清淨欲望，3.避免口中的葷腥異味影響他人。素食的慈悲心與清淨心，能幫助我們課誦時，更加得力、專注。在課誦前，無論是素食、非素食者，都應保持口氣清新無異味，除避免受氣味干擾分心，影響自己唱誦時的專注力，也代表著對佛菩薩禮敬的恭敬心。

（梁忠楠　攝）

Question

24

在家做早晚課要打法器嗎？

個人課誦，不一定要用木魚、引磬等法器，也不一定要會梵唄，誠心念誦即可。

領眾共修，洗滌心靈

課誦共修時，法器的功用是引導大眾禮拜、唱和，因為課誦者的速度有快有慢，有的人熟悉，有的人則是初學，透過法器的引導，不但能讓大眾同聲，感受共修的力量，同時也能洗滌我們的心靈。

力量來自虔誠心

在家自修早晚課，主為透過課誦，幫助自己調整身心，所以念誦即可，不需要使用法器。但是有的人覺得使用法器，能夠讓自己安定、專注，在家自修時若不干擾家人與鄰居，也可使用小木魚。

唱誦的力量在於修行者的虔誠心，不在於使不使用法器。如果因爲使用法器而引起家人反感，或帶來鄰居的困擾，反而失去修行的意義。我們希望能安心在家修行，非常需要家人與鄰居的支持，成爲幫助我們的「護法」，因此，也要將心比心體貼別人的生活需求。

（李宛蓁 Jean Li　攝）

Question

25

忘記做早晚課，可以明天補做嗎？

早晚課最重要的目的，是提醒我們每日精進不懈怠。因此，最好都能今日事今日畢，不要讓補做早晚課，反而成爲自己的負擔。

隨時隨地活在當下

早晚課誦是在固定時間進行的定課，如果因故無法進行或是未做完，應把握「隨時隨地活在當下」的原則，將身心安住於工作或家庭生活中，不必執著於未完成的功課而心有罣礙。維持早晚課誦的習慣，能幫助我們培養規律的生活作息，一到了課誦的時間，身心自然處在做功課的安定狀態，安定之後更能專注地做功課。

（釋常鐸　攝）

把握時間精進用功

但如果是在早晚課誦之外，自行增加做的「定量」定課，最好能把握時間精進用功，勉勵自己盡量完成。例如念佛或持咒一零八遍，當無法一次完成時，則可以運用生活中零碎的時間來完成，像是通勤或是走路的時候，持咒一遍、二遍，不但可避免散心雜話，浪費時間，也能讓生活不散漫、放逸，而能時時刻刻保持在修行的習慣中。

Question 26

孕婦能否做早晚課？

早晚課不但能幫助孕婦，安心安身，對胎兒來說，也是非常良好的胎教。

早晚課是安胎妙法

懷孕期間，孕婦可能既歡喜期待新生命，又同時容易焦慮不安，早晚課能帶給人安心的方法與力量。每一次的課誦，母子都能同時得到諸佛菩薩的平安祝福，得到護法龍天的守護，並將課誦的功德迴向給眾生，分享法喜。孕婦的身心穩定，家庭氣氛自然更加祥和，全家人和樂融融。

沒有禁忌，處處吉祥

懷孕初期，如果身體沒有不適處，可以如常做早晚課。如果身體已不便彎腰

（李宛蓁 Jean Li　攝）

禮佛，可以問訊或合掌代替禮佛。如果已在醫院待產，仍可繼續做早晚課，沒有什麼特殊禁忌，不用擔心。母親懷的是小菩薩，小菩薩所在處即是淨土，母子自然平安吉祥！

Question

27

早晚課中途被打斷怎麼辦？

在早晚課時段被緊急事件打斷，必須放下課誦趕緊去處理時，可以簡單行問訊禮或禮佛後離開；若是電話響起，或是不必立即處理的事，則可先將定課做完後，再回覆或處理。

要避免因事中斷早晚課，最好能先告知家人自己早晚課時間，請他們協助讓自己能全心做功課。在做功課時，手機最好能關機或轉靜音，也能避免影響自己分心。

邀請家人共修

如果早晚課時段一直被家人或小孩打擾，可能意味著這段時間不適合做功課，建議另選時段，例如比家人或孩子更早起，或調整早晚課的內容與時間長度，以免影響家庭生活。此外，也可以邀請家人或孩子一起加入早晚課共修，分享身心安定和諧的感受。

家庭和樂為先

對在家居士而言，個人自修的定課雖然重要，但更重要的是，應先扮演好家中的角色，善待家人，使家庭和樂。當家人由我們的身上，感受到佛法的慈悲與智慧，自然能尊重我們的信仰，甚至樂於護持修行，進而一起修學佛法，成為菩提家庭。

（釋常鐸　攝）

3

朝暮課誦精進不息

Question

28

爲何早課要先持〈楞嚴咒〉或〈大悲咒〉？

清晨起床，萬籟俱寂，心無雜念，正適合持咒，能夠攝心不散亂，並易感通諸佛菩薩誓願。

咒中之王，消除魔障

〈楞嚴咒〉出自《楞嚴經》，是咒中之王，可消除魔障，破解所有外道的符咒，所以寺院早課會持誦本咒。

《楞嚴經》說，持〈楞嚴咒〉可避種種毒害，火不能燒，水不能溺，大毒小毒，所不能害，而且能得十方如來所有功德，劫劫不生貧窮、下賤、不可樂處。不但如此，還可令破戒者戒根清淨、未精進者令得精進、無智慧者令得智慧、不清淨者速得清淨……，甚至重業皆消，包括五逆無間重罪、僧人觸犯四棄與八棄，所有重業如猛風吹散沙聚，悉皆滅除。

因此，雖然〈楞嚴咒〉咒文很長，不易理解與持誦，但是只要專注用心，便能調伏身心，領受諸佛菩薩的不可思議功德力。

一般寺院如果早課時間較長，可能會同時持〈楞嚴咒〉與〈大悲咒〉，或是單日持〈楞嚴咒〉、雙日持〈大悲咒〉。在家居士如果早課時間較短，可以選擇做「大悲早課」。

廣大靈感，有求必應

〈大悲咒〉出自《大悲心陀羅尼經》，因其靈驗殊勝，又稱〈大悲神咒〉。千光王靜住如來教導觀音菩薩持此咒語時，觀音菩薩一聽，就從初地菩薩頓超至

（釋常鐸　攝）

八地菩薩，並且應願頓現千手千眼。

《大悲心陀羅尼經》說，持本咒能滌淨十惡五逆的極重罪障，而且所求必定滿願。持咒的要領有十心：大慈悲心、平等心、無爲心、無染著心、空觀心、恭敬心、卑下心、無雜亂心、無見取心、無上菩提心。

雖然觀音菩薩有廣大靈感，聞聲救苦，有求必應，但我們不應只依賴菩薩的慈悲，要學菩薩做菩薩，成爲觀音菩薩的千手千眼，讓衆生離苦得樂。

Question

29

早課為何要唱誦《心經》？

《般若波羅蜜多心經》簡稱《心經》，為唐代玄奘大師所翻譯。《心經》雖然字數只有二百六十個字，卻統攝了佛教經典三藏十二部的智慧精髓，經常讀誦能使人消煩惱，開智慧。因此，早課要誦《心經》。

心念澄淨易觀心

清晨時段，心念澄淨，尚未受外境干擾，而產生種種欲想雜念。因此，在煩惱出現前，先念誦《心經》，提醒自己要用般若智慧，破除身心執著，遠離世間的顛倒夢想，到達智慧彼岸。

（釋常照　攝）

得心自在不執著

當我們能學習觀自在菩薩的智慧，觀照自己的身心世界，不論是眼、耳、鼻、舌、身、意，或是外在環境，甚至生、老、病、死，都隨因緣變化，生滅無常，不停在變化，心就能自在，不牽掛執著，體會般若智慧的妙用無窮。

Question 30

早課爲何要唱誦「摩訶般若波羅蜜多」？

「摩訶般若波羅蜜多」是所有《般若經》的總題目，「摩訶」的梵語是**Mahā**，是大的意思；「般若」的梵語是**Prajñā**，意指空的智慧；「波羅蜜多」的梵語是**Pāramitā**，意指超越、超度、到彼岸出苦海。因此，唱誦三遍的目的，即是希望能以大智慧到達解脫的彼岸。

如同禪宗六祖惠能禪師於《六祖壇經》所說：「摩訶般若波羅蜜，最尊最上最第一；無住無往亦無來，三世諸佛從中出。」摩訶般若波羅蜜是最尊貴高妙的法門，超越過去、現在、未來，能來去自由、生死自如，所有三世一切諸佛皆由此成就。

我們學佛就是爲了開發自己的佛性，開啓自己的智慧心，不會再以無常爲

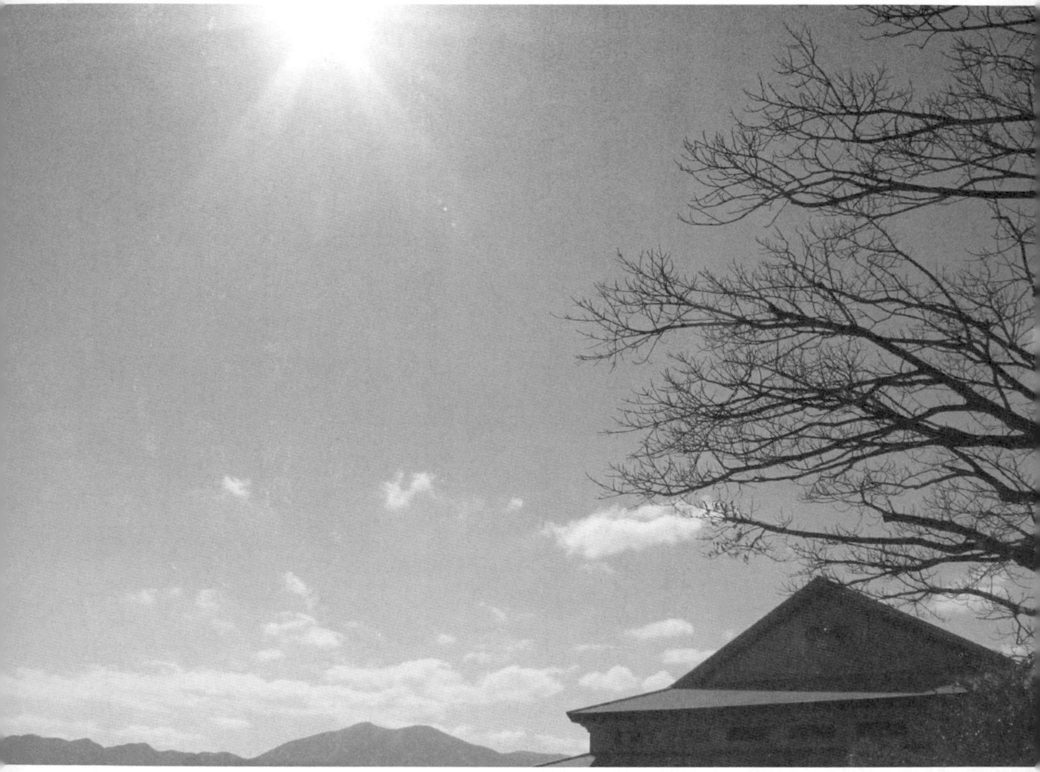

（釋常鐸　攝）

常、以苦爲樂、以無我爲我、以不淨爲淨的四種顚倒而流轉生死。摩訶般若波羅蜜的大智慧，能提醒我們善用般若智慧大破無明煩惱。

Question

31

晚課爲何要唱誦《阿彌陀經》？

晚課誦《阿彌陀經》，主要是希望在一天的結束時，圓滿總結所有的功德，歸向淨土。不只自己能心向淨土，希望所有的衆生都有往生淨土的福報。

流傳最廣的淨土經典

由鳩摩羅什法師所譯的《阿彌陀經》，是流傳最廣的一部淨土經典。內容主要講述由阿彌陀佛本誓願力所成的極樂世界，相對於我們所居住的五濁惡世，那裡是沒有痛苦、只有法喜的佛國，所以往生極樂世界，成爲了讓人嚮往的心靈歸依處。

淨土法門的修行首重信、願、行，所以《阿彌陀經》特別強調信心的重要，

（李宛蓁 Jean Li　攝）

只有相信阿彌陀佛的慈悲願力，藉由課誦《阿彌陀經》，學佛發願與修行，才能與阿彌陀佛相應，度脫世間疾苦。

累積淨土資糧

《阿彌陀經》說，要往生西方極樂世界，必須增長善根，多積福德，廣結善因緣，勤修念佛法門。更重要的是發菩提心，從自利利他的菩薩行累積淨土資糧。因此，透過每日課誦《阿彌陀經》，可以堅定我們的願心、信心，並且爲使人間更美好而積極努力，讓西方淨土的美好，也能在人間實現。

Question

32 早課爲何要唱誦〈十小咒〉？

諸佛菩薩宣說的咒語，能守護人們順利修行，消災免難，得佛智慧。〈十小咒〉便具有不可思議的功德力，不但能護持寺院正法久住，也能幫助修行者身心平安，圓滿願心。

一、**〈如意寶輪王陀羅尼〉**

能心想事成，所求皆滿。出自《如意輪陀羅尼經》，爲觀世音菩薩所說。持誦本咒，所遇到的種種劫難皆能解脫，自在如意，所願皆成。

二、**〈消災吉祥神咒〉**

能消除災害，成就吉祥事。出自《佛說熾盛光大威德消災吉祥陀羅尼經》，又稱〈消災咒〉、〈消災眞言〉。本咒與〈大悲咒〉、〈楞嚴咒〉、〈尊勝咒〉

同列為「禪林四大陀羅尼」，可見其重要。釋迦牟尼佛因見各種星宿變怪、天相異端，而為諸天大眾說法。若遇國家危急存亡、天災地變或其他災難，至心持誦能化險為夷。

三、〈**功德寶山神咒**〉

能增進功德，往生極樂。出自《大集經》，經中說誦此咒一遍，如禮《大佛名經》四萬五千四百遍，又如轉《大藏經》六十萬五千四百遍，如應入阿鼻大地獄，念此咒一遍，重罪皆得消滅不入地獄，命終往生西方世界，得見阿彌陀佛。

四、〈**準提神咒**〉

能滅罪障，延壽護命。出自《佛說七俱胝佛母心大準提陀羅尼經》，由釋迦牟尼佛所說。佛為愍念未來薄福惡業眾生而宣說，「七俱胝」是七千萬尊如來，不代表過去、現在、未來的七千萬尊佛皆曾說過本咒。本咒廣納諸佛菩薩悲智，不但能滅除眾罪、增進福德智慧，而且生生世世遠離惡道，持戒清淨，速證佛果。

五、〈聖無量壽決定光明王陀羅尼〉

讓短命衆生，增長壽命。出自《佛說大乘聖無量壽決定光明王如來陀羅尼經》，由釋迦牟尼佛所說。「長壽佛」是「聖無量壽決定光明王如來」的簡稱，持本咒能使衆生消除短命夭折，增壽吉祥，早日成佛。因此，也可持本咒爲父母師長或家人祈求長壽。

六、〈藥師灌頂眞言〉

能消除病苦，延年益壽。〈藥師灌頂眞言〉簡稱〈藥師咒〉，出自《藥師琉璃光如來本願功德經》，爲藥師佛不忍見衆生受苦，於禪定中所說。祈願衆生皆能遠離病苦，安樂自在。

七、〈觀音靈感眞言〉

能離苦得樂，吉祥如意。本咒據說是觀音菩薩托夢所傳授的，首句的「唵嘛

（李宛蓁 Jean Li　攝）

呢叭彌吽」就是〈六字大明咒〉，相當於觀音菩薩聖號，其後的咒語目前尚無出處可加考證。雖然來源不明，卻感應靈驗，流傳甚傳。因此本咒原稱〈觀音救苦心咒〉，而得尊稱〈觀音靈感眞言〉。

八、〈七佛滅罪眞言〉

能消滅罪障，平安吉祥，出自《大方等陀羅尼經》，釋迦牟尼佛因文殊師利法王子的請求，而宣說過去七佛曾誦過的咒。如犯不可恕重罪，本應墮無間地獄，虔心持本咒可消此罪，免入地獄。業障不消，不只現世不安、後世受苦，更無法了生死圓滿修行，持本咒能早日修證佛道。

九、〈往生咒〉

能消除業障，往生淨土。〈往生咒〉全稱爲〈拔一切業障根本得生淨土陀羅尼〉，劉宋時代由求那跋陀羅法師首度音譯成〈拔一切業障根本得生淨土神咒〉，隨淨土信仰，普為流傳。除得阿彌陀佛垂護，消除一切業障，並能不為惡鬼神禍亂，得生淨土。

十、〈大吉祥天女咒〉

能解貧窮，財寶豐饒。出自《金光明經》，為善天女說的咒語。大吉祥天女即是善天女，所以本咒亦稱〈善天女咒〉。據《佛說大吉祥天女十二名號經》所說，大吉祥天女有十二名號：吉慶、吉祥、蓮華、嚴飾、具財、白色、大名稱、大光曜、施食者、施飲者、寶光、大吉。能除一切貧窮業障，獲得豐饒財寶富貴。

〈十小咒〉除有滿足現世利益的實用功能，更重要的是協助成就佛道。因此，莫只求〈十小咒〉祈福攘災的功效，應體會咒語裡的諸佛菩薩悲心宏願。

Question

33

早課爲何要唱誦普賢十大願王？

早課唱誦普賢十大願王，是爲讓我們以十大願王爲指導方針、修行根本，努力實踐菩薩行。

普賢菩薩以「大行」爲菩薩本色，「大行」是難行能行，修學萬善萬行的大菩薩行。由於普賢菩薩發起莊嚴國土，成就衆生的十大願，被稱爲「普賢願王」，在實踐上是「以願導行，以行踐願」，也就是「以大悲行爲立足點，以大弘願爲總方向」。

普賢十大願王出自於《大方廣佛華嚴經．普賢菩薩行願品》，內容爲：

第一大願禮敬諸佛

禮敬諸佛可以消除慢心，學習謙虛。禮敬諸佛並非只禮敬過去的諸佛，也要禮敬未來的諸佛，也就是尚未成佛的衆生。只有當自己能對別人謙虛恭敬時，才能獲得別人的尊敬與幫助。這是在培養恭敬心。

第二大願稱讚如來

稱讚如來，是因嚮往能獲得如來的功德與德行，當我們稱讚時，便會生起效法的意願。當我們稱讚一尊佛時，就是在稱讚一切諸佛。這是在培養讚歎心。

第三大願廣修供養

我們供養的對象是過去、現在及未來諸佛；即要不分親疏遠近、無有分別地供養一切衆生，視對方為未來佛。這是在培養供養心。

第四大願懺悔業障

業障是因過去行爲所引起的修行障礙。修行不得力或生活受困，都是業障現前，需要眞誠發願不再造作惡業，守護清淨心。這是在培養懺悔心。

第五大願隨喜功德

我們不但自己要行善修功德，當看到別人在行善修功德時，也要心生歡喜，不感嫉妒，自己的心量會因隨喜心而變得寬廣。這是在培養隨喜心。

第六大願請轉法輪

不只請求佛陀轉法輪，也包括請求法師開示佛法，當佛教徒們都如此求法心切，佛法才會興盛。這是在培養求法心。

第七大願請佛住世

雖然我們無法像普賢菩薩以神通力遍遇諸佛，請佛留在世間轉輪說法，但是我們可以請求法師教導我們，並鼓勵更多人聽聞佛法。這是在培養護法心。

第八大願常隨佛學

我們不但相信佛是無時不在、無處不在，而且相信佛法對自己、對別人都非常有用，能離苦得樂，永遠隨佛修學。這是在培養學習心。

第九大願恆順眾生

判斷眾生的需要，並給予適當的幫助。即使不能像普賢菩薩同時幫助無量無邊的眾生，但可以幫助我們所能接觸到的眾生。這是在培養慈悲心。

第十大願普皆迴向

爲利益眾生，要將自己的修行成果和功德迴向出去，讓眾生在佛道進展更順利。這是在培養迴向心。

（李蓉生　攝）

普賢菩薩能有廣大無盡的力量實踐佛法、度化眾生，他的行動力來自所發的十大願。我們應透過早課機會，深入十大願王，引導堅定信心不退轉，成就普賢行願。

Question

34

早課爲何要唱誦四生九有？

早課課誦文的四生九有，出自《華嚴經》：「四生九有，同登華藏玄門，八難三途，共入毘盧性海。」主爲希望衆生都能成佛，不再沉淪生死苦海，能同入如來妙莊嚴海。

四生九有

四生是指三界六道有情出生的四種方式：

1. 胎生：從母胎出生者，如人、牛、狗等。
2. 卵生：由卵殼出生者，如雞、鴨、鵝等。
3. 濕生：也稱因緣生、寒熱和合生。由糞聚、注道、穢廁、腐肉、叢草等潤濕地的濕氣所產生者，如蚊、蛆等。

（梁忠楠　攝）

4.化生：由其過去業力化生，無所託而忽有，如諸天、中有、地獄衆生。

九有是指有情所住的處所，又稱「九有情居」或「九衆生居」，爲三界九地略稱，共有九處：1.欲界的人及天。2.色界初禪如梵衆天等。3.色界二禪如極光淨天等。4.色界三禪如遍淨天等。5.色界四禪的無想天。6.無色界的空無邊處。7.無色界的識無邊處。8.無色界的無所有處。9.無色界的非想非非想處。

八難三途

八難是指不得遇佛、不聞正法的八種障難，包括：1.在地獄難。2.在餓鬼難。3.在畜生難。4.在長壽天難。5.在邊地的鬱單越難。6.盲聾喑啞難。7.世智辯聰難。8.生在佛前佛後難。

三途是指畜生道、餓鬼道、地獄道，即血途、刀途、火途。

1.血途：畜生道的衆生往往死於流血，不是被殺，就是互相殘殺，所以稱爲血途。

2.刀途：餓鬼道衆生常受刀杖屠殺、殘害，所以稱爲刀途。

3.火途：地獄道是充滿烈焰的火途。

只要有福報做早晚課，便可確認我們沒有生於三途，也不因八難而無法學佛。但是如果此生不用功，很難確定來世是否還有機會生爲人身。因此，我們要將心比心，同感遇三途八難者無緣學佛之苦，進而希望四生九有的所有衆生，都能有幸聽聞佛法，解脫自在。

Question

35

晚課爲何要唱誦〈大懺悔文〉、拜八十八佛？

八十八佛是過去久住娑婆世界的五十三佛，加上常住十方世界三十五佛，而專以八十八佛所制的懺文〈大懺悔文〉，主要透過禮八十八佛來懺悔罪障。藉由稱念、禮敬八十八佛名號，眞心懺悔，可以懺除罪業，心生清淨，所生功德廣大無邊，所以此懺悔文稱爲「大」。

導歸佛國淨土

祖師大德在安排功課時，將〈大懺悔文〉收錄於晚課，是爲幫助我們收攝身心，導歸佛國淨土。畢竟經過一整天的奔波勞碌，精神難免渙散倦怠，難以再提起修行道心，需要透過懺悔重新安頓。

〈大懺悔文〉全文不長，卻可說是「麻雀雖小，五臟俱全」的一部懺法。〈大懺悔文〉以八十八佛名爲主體，內容擷取了所有禮懺儀軌的精華，濃縮成文少意深的禮懺文，在聲聲佛號中，請佛作證，懺悔三業之過，感受佛光照拂，驅走黑暗，滌清身心罪業，得心自在。

懺悔並不只是對著佛像頂禮反省，更要觀察過去、發願未來。從佛教的觀點來看人生的目的，我們是來受報、還債，菩薩則是來還願。而受報、還債是被動、等待的，有許多恐懼、擔憂與煩惱障礙；發願與還願則是自動自發、把握當下、樂在其中的修行，即便面臨苦難，還是歡喜承擔。

因此，〈大懺悔文〉後段以普賢行願作結，行願的意義在於「以願導行，以行踐願」，再次呼應爲衆生發菩提心的前願，因爲諸佛菩薩勇於發利益衆生的大願，勇於實踐自己的大願，而能成就佛果。

學八十八佛，放大心量

學佛路上，我們已經聽聞八十八佛，還要進一步認識八十八佛、學習八十八佛，見賢思齊；帶著清淨的身心發願，確立人生目標，放大心量，期許自己效法諸佛菩薩的格局與視野，積極實踐正向的人生價值，成長自我，讓生命發光，照亮他人！

Question

36

晚課爲何有蒙山施食儀？

蒙山施食的主要目的，在於利濟孤魂。希望透過課誦佛教經咒和懺悔，能夠將此功德利益擴及幽冥衆生。

普濟幽靈皆得度

蒙山位於四川的名山縣，宋代一位不動法師，住在四川蒙山，曾爲普濟幽靈，依據密教經典，輯成《蒙山施食儀軌》，成爲課誦儀軌。

寺院將設立法壇，供置佛像、清水、食物的正式儀軌法事，稱爲「放大蒙山」；而一般朝暮課誦晚課的施食，則稱爲「放小蒙山」。

晚課蒙山施食的儀軌，一開始即說：「若人欲了知，三世一切佛，應觀法界性，一切唯心造。」意指所有法界都是由一念心所造，所以地獄也由心所造，可由心所破。因此透過〈破地獄眞言〉、〈普召請眞言〉、〈解冤結眞言〉三個咒語，破地獄開光明路，召請地獄眾生，讓他們皈依三寶，懺悔業障，發大願心。

再以種種施食咒語，幫助地獄眾生可以消業障，受用飲食，心開意解，同成佛道：〈滅定業眞言〉、〈滅業障眞言〉、〈開咽喉眞言〉、〈三昧耶戒眞言〉、〈變食眞言〉、〈甘露水眞言〉、〈一字水輪眞言〉、〈乳海眞言〉，而後念七如來名號、〈施無遮食眞言〉、〈普供養眞言〉。

施食的目的

施食的目的：

1. 報恩：六道眾生從無始劫來與我們互爲六情眷屬，不忍見其在惡道受苦，

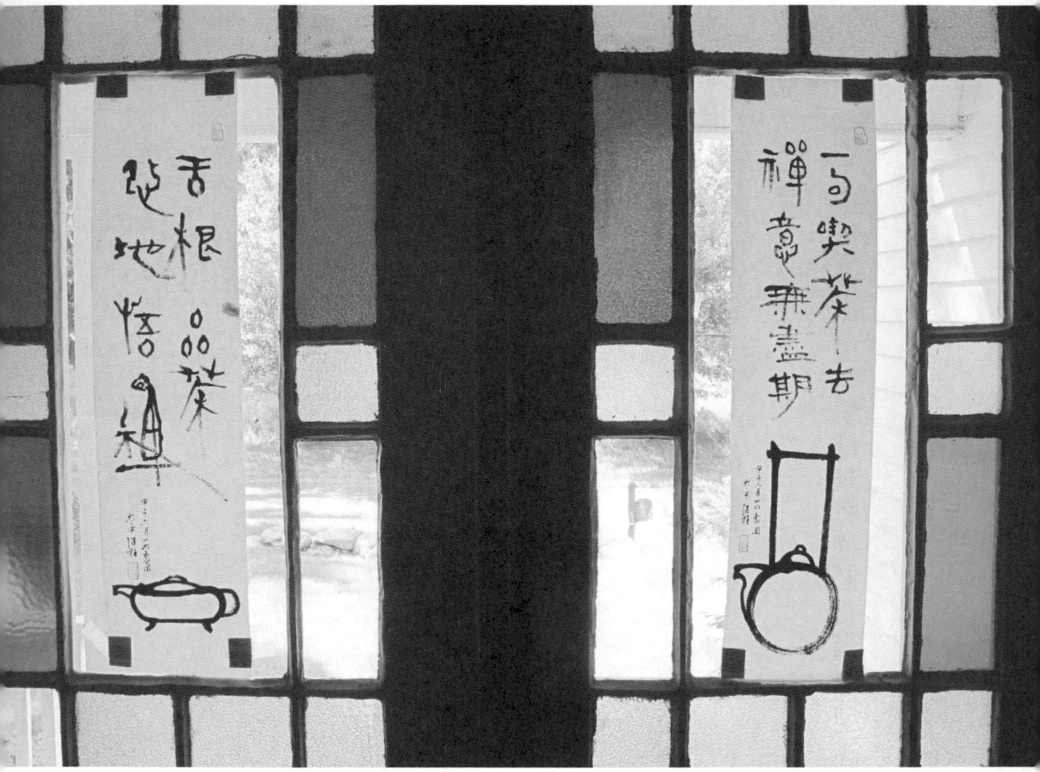

（釋常鐸　攝）

所以施食救度。

2.**警惕**：以三惡道的苦報，警惕自己不造惡業，以免墮入惡道。

3.**行菩薩道**：蒙山施食以大悲心，讓六道衆生皆可聞法懺悔，修學佛道。

如有機會在寺院參加晚課的蒙山施食，在慈憫地獄衆生苦難外，更要把握生爲人身的修行機會，不要等淪爲餓鬼衆生才後悔莫及。

Question

37

晚課爲何要唱誦〈普賢警衆偈〉？

「普賢十大願王」是佛教早課必誦功課之一；而〈普賢警衆偈〉則是晚課必誦的佛偈，兩者如暮鼓晨鐘般早晚呼應，提點佛弟子用功修行，從發願到懺悔、迴向，在在提醒人們把握時間，勤精進不懈怠。

心念無常

〈普賢警衆偈〉說：「是日已過，命亦隨減，如少水魚，斯有何樂？衆等當勤精進，如救頭然，但念無常，愼勿放逸。」意即今天一天又過去了，我們的生命也隨著減少，就如同魚在淺水池塘裡，隨時隨地都要面對死亡，還有什麼好快樂的呢？我們應當精勤修行，有如撲滅燃燒頭頂的火般急迫，要心念無常，千萬不要放縱安逸。

（李蓉生　攝）

善用有限的生命

人生非常短暫脆弱，只要一口氣無法呼吸，就失去生命了。如果不珍惜時間，好好努力，就沒有機會修行了。因此，我們必須充分利用時間，奉獻自己、服務他人、關懷社會，實修實證佛法。如此善用有限的生命，就能開展無限的慧命與功德。

Question

38

爲何要唱誦〈四弘誓願〉？

〈四弘誓願〉是學佛的根本大願，也是所有諸佛菩薩必發的願：「衆生無邊誓願度，煩惱無盡誓願斷，法門無量誓願學，佛道無上誓願成。」

成佛的菩提心

發〈四弘誓願〉，即是發成佛的菩提心，是爲了一切衆生的究竟成佛所發的大願。學佛如果不發願、不發心，將沒有修行的方向和目標。如果只發希望自己平安順利的小願，修行反而是畫地自限，難以成長進步。因此，我們需要透過早晚課發願，幫助自己提起道心，不斷前進。

日日是好日

既然願度一切眾生，有什麼不能包容的人呢？既然願斷一切煩惱，有什麼心事不能放下呢？既然願學一切法門，有什麼理由可以懈怠呢？既然願成無上佛道，有什麼地方不是道場呢？

透過〈四弘誓願〉學習佛的心量，化挫折爲力量，轉煩惱爲智慧，我們能不斷超越自我，由日課體會日日是好日。

Question

39

爲何要皈依？

如果不皈依佛、法、僧三寶，即非三寶弟子。

不忘失自己是三寶弟子

因此，我們需要透過早晚課誦念〈三皈依文〉，提醒自己是否信佛、學法、敬僧？

自皈依佛，當願衆生，體解大道，發無上心。

自皈依法，當願衆生，深入經藏，智慧如海。

自皈依僧，當願衆生，統理大衆，一切無礙。

「自皈依佛」是學佛發願，同行佛道，修行道路是如何走的，我們要與佛同

（李蓉生　攝）

心同願，才能同成佛道。佛如何成佛，我們就隨著他的教導學習，即是「體解大道，發無上心」。

「自皈依法」是無論佛教的經典與法門有多少，都要發願學習佛所說的一切法，「深入經藏」勤修戒、定、慧三學，轉煩惱爲智慧，自能「智慧如海」。

「自皈依僧」是向清淨和合的僧團學習，僧團以六和敬「統理大衆」，讓人能在團體裡消融自我，成就大衆，和樂相處，達到「一切無礙」。

以三寶為依歸

千變萬化的世界，充斥著怪力亂神說法，難免讓人半信半疑。此時，透過早晚課的三皈依，確信自己信佛無疑、學法無疑、敬僧無疑，就能心無牽掛，不朝秦暮楚，專心修行。

Question

40

爲何要迴向？

早晚課最後皆以〈迴向偈〉圓滿結束：「願以此功德，迴向諸眾生，解脫三界苦，皆發菩提心。」迴向也是一種發願，祈願透過做早晚課的功德，能讓所有眾生都能離苦得樂，同成佛道。

與他人分享功德

所謂的迴向，是指轉向、施向：迴己向人、迴小向大、迴有限向無限、迴煩惱向清淨。與他人分享功德的迴向心，能讓我們從煩惱一己得失的小我，開展慈悲心、宏願心、智慧心，成就自己也成就眾生。

圓滿無量無邊功德

做任何好事，不論是無形的、有形的，爲己的、爲人的，均有功德，更何況是凝聚諸佛功德海力量的朝暮課誦呢？但是，如果我們只希望自己受益，不願與他人共享，則會違逆了菩薩的度衆誓願，失去了菩提心，只有透過同霑法喜的迴向心，才能自利利他，成就圓滿的無量無邊功德。

（吳瑞恩　攝）

4

持之以恆的一生功課

Question

41 只要每天做早晚課，護法神就會保護平安無災嗎？

很多人勤做早晚課的原因很單純，希望佛菩薩與護法神，能保護自己出入平安，消災免難。

莫只求一世平安

早晚課持誦經咒，確實能與諸佛菩薩感應道交。但是如果只求自己一世平安，卻不求出離生死輪迴，捨大棄小，實在可惜。

這就如同古人說買櫝還珠，古代一個珠寶商人高價賣珠寶，結果買者只要裝珠寶的精美外匣，而把珍珠還給珠寶商。我們如果只希望護法神守護我們身體平安，卻不求守護我們的佛心，就等於丟失至寶，只取一個終會毀損的外匣，還沾

（釋常鐸　攝）

只要每天做早晚課，護法神就會保護平安無災嗎？

沾自喜。

以早晚課為長明燈供養

護法神之所以護法，是因爲希望正法久住，自己才能學習佛法。既然護法神所守護的是佛法，如果我們只表面禮敬地供香、供花，內在卻不用心課誦修行，如何能爲護法神所敬重？

因此，雖然只要皈依成三寶弟子，只要做早晚課，就會得到護法神保護，最重要的還是不要忘了以法供養護法，要用心開發自己的佛性，讓早晚課如同不息的長明燈，帶給世界溫暖光明。

Question

42

可以隨僧團錄製的CD或影片做早晚課嗎？

對初學者而言，如果還不熟悉課誦方法，或是希望能以僧團莊嚴的梵唱，激發自己的道心，可以跟隨錄音梵唱或錄影畫面來做早晚課。

增強道心，放鬆緊張

跟隨錄音或錄影來自修，對一開始的學習確實有幫助，因爲法器聲以及僧衆的梵唄，可以讓人感受到課誦的莊嚴，增強道心，也能減輕練習時的緊張。但是，在家做功課的主要目的，並非學習梵唄技巧，而是爲了修行調整我們的身心行爲。

（李宛蓁 Jean Li　攝）

認識自我，懺悔改進

如果注意力都集中在外，觀看與聆聽僧團早晚課，可能反而會忽略自己的心念與行為，有點類似聽課因忙著抄筆記，因無法思考、理解老師授課的內容，容易顧此失彼。因此，影片共修的力量能提振道心，讓人感受如同身在佛國般光明吉祥，但是在家自修最重要的是面對真實的自己，寧可看到不完美的缺點，認識自我，懺悔改進，也就發揮了早晚課的功能，得到了法寶。

Question

43

早課的供水是否能用於治病？

供水是乾淨的飲用水，所以課誦後的供水，可以倒入個人杯中飲用，或是倒入飲水壺避免浪費，甚至也可分享給他人做爲祝福。但是，如果將供水當作治百病的神水，則是誤解了供水的意義。

以智慧為甘露

佛前的供養，都有它們所象徵的意義，讓人可以從中學習。例如從供花中，我們可以聯想到花朵的美是無常的，所以需要更換鮮花，雖然是「空花」，卻具有莊嚴佛壇的作用，讓我們能夠學習以審慎、積極的態度來處世，不執著得失。

至於供水，主要意義並非將水供養給佛飲用，而是代表佛陀清淨、平等的心，就像是瓶中的淨水，所以透過學習佛陀清淨、平等的智慧，佛法就會如甘露般滋潤

（釋常鐸　攝）

著我們，撫平心中的煩惱。如此一來，才能眞正得到供水的功德。

以佛法來祝福

生病除了應當務實地去看醫生，如果病人能從佛法理解供水的意義，淨水當然能從心理層面，對病人產生撫慰的療效。佛陀被稱爲「大醫王」，意即佛法能醫治所有人的心病，假使身體因病而受苦，如果能學習在病中讓心自在，病也就不苦了。正如聖嚴法師勸勉病人：「把病交給醫生，把命交給佛菩薩，如此一來，自己就是沒有事的健康人。」

Question

44

爲何自從做早晚課後，常常心想事成？

有些人會發現自從做早晚課後，工作特別順利，人際關係特別和諧，常常會有心想事成的情況。例如正想請某某人幫忙，對方就主動打電話或甚至登門拜訪；或是正想買某樣物品，就得到朋友免費餽贈……。

感恩心看世界

這些善緣，與其說是巧合，不如說是因爲自己做早晚課，人變得更隨和好相處，心也更加細心敏銳，所以會注意到種種生活細節，並且感到快樂滿足。早晚課能讓我們以感恩心看世界，心光明，世界就會光明。

然而，如果以爲自己做了早晚課，累積很多功德，所以特別具有福報，甚至

（吳瑞恩　攝）

能感應善神守護，待人處世因此產生慢心，反而與修行背道而馳了。

人都希望能夠萬事如意，但如果所想的非善念、善事，這樣的心想事成恐非善事，最好還是放下自我，培養謙虛和順的心。

萬事如意

如同聖嚴法師在《平安的人間》書中所說：「不論遇到何人、碰到何事、發生何種情況，都能使自己的身心安定，也就是練成處處安身、時時安心的修養工夫，就能夠左右逢源而萬事如意了。」用早晚課來成就身心安定，生活自然能左右逢源而萬事如意了。

Question

45 無法專心做功課，不如不做以免對佛失敬？

佛教的功課，並非做給佛菩薩看，也非對三寶交作業求好成績，而是讓自己能全心蒙受佛法的熏習，不斷成長進步，有能力可以像佛菩薩一樣守護眾生。

先守護自己的身心平安

而在能守護眾生前，我們需要先能守護自己的身心平安。如果自己身心不安，如何照顧家人與工作？如何能夠守護眾生？說不定，自己正是帶給身邊人煩惱的根源。

只要一念發願，願意學佛改變自己，諸佛菩薩都會護持的。因此，即使自己有八萬四千種煩惱，佛菩薩也會開啓八萬四千個法門幫助我們。而早晚課，正是

（釋常鐸　攝）

在家居士每日最方便調整自我、化解煩惱的修行方法。

煩惱無盡誓願斷

我們可以將自己的紛亂雜念，化爲心香供養諸佛，向佛菩薩發願「煩惱無盡誓願斷」，決不因煩惱過重，感到自慚形愧，而放棄做早晚課。也可以自己鼓舞自己：「正是因爲我的心不安定，才更需要做功課來練習安心，如果現在不把握機會用功，就更難進步了。一天不做功課，就是一天的損失。」

每一次做功課都是一個全新的開始、全新的體驗，所以每次的身心情況，自然也都有所不同，能夠坦然接受順逆境，才能恆長地堅定用功。

Question

46

寺院逢朔望早晚課有禮祖，在家居士要做嗎？

在家做早晚課時，雖然不需要和寺院法師一樣禮祖，但也可將課誦的功德，迴向給歷代先人，以表感恩禮敬之情。

以佛為祖，續佛慧命

漢傳佛教稱佛教創建者佛陀爲「佛祖」，而佛法能自印度流傳到中國開枝散葉，要感恩歷代許許多多的祖師爲法忘軀，傳承法脈。因此，寺院每逢農曆初一、十五朔望時，會在早課頂禮歷代祖師，爲的就是不忘祖師們的傳法之恩，並發願承接弘法的任務。在家居士雖然沒有承接道場的使命，但是佛教的智慧，不論在家衆或出家衆都可以共同傳承，續佛慧命。

（吳瑞恩　攝）

學佛不忘祖，迴向諸先人

而禮祖儀式裡，也為父母師長與累劫怨親有緣、六親眷屬禮佛三拜，願所有功德能普及一切，以報答三寶恩、師長恩、父母恩與眾生恩。

不了解佛教的人，可能會誤以為學佛要放下情感，所以不感念親人，其實感恩是佛教徒最基本的功課。除了感念佛陀以及歷代祖師的的傳法之恩外，也感謝賜予我們身體的父母，乃至歷代先人，所以透過課誦的功德迴向，感念與祝福他們，希望能同成佛道。

Question

47

在家做晚課也可以做蒙山施食嗎？

蒙山施食是普度度幽冥眾生所做的法事，是佛教寺院每日必做的五堂功課之一。無論寺院法務再忙碌，一定都會進行施食。

每日施食，不能中斷

由於施食是召請地獄餓鬼，透過觀想儀軌，幫助他們可以受用飲食，每日都必須固定施放，不能中斷，所以不適合在家居士進行。

畢竟我們雖然都在學習以慈悲與智慧，發願超度自己與所有眾生，但是面對觀想施食眾鬼而不起恐懼心，並不太容易。要保持專注的觀想力，打開地獄、打開餓鬼咽喉、變化飲食，皆非易事。

（吳瑞恩　攝）

祝福地獄眾生得解脫

此外，通常餓鬼都會固定在蒙山施食時間，前來領受法食，在家居士生活不如寺院法師課誦時段可以固定，如果未準時施食，可能反會引發餓鬼瞋火。

因此，一般在家居士做晚課，可以不用做蒙山施食。但是，在發〈四弘誓願〉，做三皈依與迴向時，還是要祝福地獄眾生能與我們一起學佛解脫苦海。

Question

48

不便做早晚課時，可以請家人代做功課嗎？

雖然可以將課誦的功德迴向給他人，但是自己的功課，還是得由自己親自來做才能受益。就如請同學代寫功課，最後進步的是同學，自己依然不會。

當日事當日畢

修行就是修心，做早晚課是一種修行，因爲它可以幫助我們反省自我，修正行爲，恢復清淨的身心。因此，如果少做一天的早晚課，就像一天沒有洗臉、清潔身體，無法清洗累積的煩惱塵垢，所以最好能夠當日事當日畢。

不忘失學佛願心

如果因爲工作或照顧家人，而實在無法做早晚課，可以暫改爲做念佛或持咒一類的定課，或是至少維持發〈四弘誓願〉的心，每天提醒自己不忘失對佛菩薩與衆生的誓願，提醒自己要修行成長，能以慈悲心化敵爲友，以智慧心轉危爲安，心地愈來愈光明、柔軟，生活愈來愈自在、快樂。

（釋常鐸　攝）

Question

49

家人沒有皈依，也可以一起做早晚課嗎？

如果家人希望一起參加早晚課誦，不論是否皈依成爲三寶弟子，都可以歡迎他們一起來學習。

體驗修行

早晚課的禮佛與課誦經咒，並沒有特殊的限制或禁忌，只要能夠接受佛法，無論有無信仰都可以參與和體驗。雖然課誦時會念誦〈三皈依文〉，但是不表示念完即是三寶弟子，想要正式皈依成爲佛教徒，還是需要請法師授三皈依，所以未學佛的家人可以放輕鬆地念誦。

與家人分享早晚課要領

如果未學佛的家人，平日沒有參加過修行活動，只是因爲想爲親友或自己祈福，而想要一起做早晚課，得到佛菩薩保佑，可以與家人分享早晚課要領。課誦時只管專心做功課，內心若想與佛菩薩祈求，可以在完成迴向後，再向佛菩薩說出自己的心願，希望能以智慧、慈悲開啓善緣，轉危爲安。

可以邀請家人一起做早晚課，更能凝聚情感，讓家庭氣氛常保和諧，而且還能透過課誦功德培養「全家福」！

Question

50

如何持之以恆做早晚課？

課誦稱爲「恆課」或「日課」，即表示這是每天必須的修持活動，不宜間斷。就如每天起床後要漱口、洗臉、飲食一樣，能讓身心保持平衡，也是修身養性、警策精進的生活方式。

回到初心

但是如果不留意，時日一久，有時候做早晚課眞的會變成只是一個「習慣」，每天機械式地重複功課內容、敷衍了事。甚至因爲覺得內容枯燥無趣，而時做時停。這時候，就要回到做定課的初心，提醒自己爲什麼要做定課？

學佛並不只是信仰佛教，還需要理解法義，並且實踐驗證。因此，早晚課除了課誦要做定課外，也需要充實佛學，了解課誦的內容，清楚修行法門背後的經教依據，這樣才不會只停留在仰信、求功德的階段，久而久之，就對早晚課失去了信心和興趣。

課誦的功能，是幫助我們不斷複習佛所說的法，讓佛法深植我們的心田，了解並履踐佛法的眞實義。我們畢竟不是聖賢，即使天天誦經持咒，勤做功課，面對外境紛擾還是煩惱不斷，不是發脾氣就是生悶氣。這即是因爲法不入心，因爲佛法沒有成爲我們的心法，所以需要借助早晚課的熏習力量，持戒護心，培養定力，開啓智慧。

恆常不斷的一生功課

特別是面對嚴重的環境汙染，我們更需要做好心靈環保，保護自己也保護他人，讓大家一起守護善良的心，守護美好的世界。早晚課正是讓我們免於汙染毒

（李蓉生　攝）

害，淨化身心的好方法。透過課誦禮佛求懺悔與發願，可以讓心不藏汙納垢，每天都能以全新的心重新出發，相信自己就是讓世界更美好的那份力量。

修行並非一天、兩天的事，而是生生世世的願，早晚課可以提醒我們這份永不止息的願力。

學佛入門Q&A 14

早晚課50問

50 Questions on Morning and Evening Chanting

編著	法鼓文化編輯部
攝影	李宛蓁（Jean Li）、李蓉生、吳瑞恩、施純泰、梁忠楠、釋常照、釋常鐸
出版	法鼓文化
總監	釋果賢
總編輯	陳重光
編輯	張晴、詹忠謀
美術設計	和悅創意設計有限公司
地址	臺北市北投區公館路186號5樓
電話	(02)2893-4646
傳真	(02)2896-0731
網址	http://www.ddc.com.tw
E-mail	market@ddc.com.tw
讀者服務專線	(02)2896-1600
初版一刷	2017年11月
初版三刷	2019年3月
建議售價	新臺幣180元
郵撥帳號	50013371
戶名	財團法人法鼓山文教基金會—法鼓文化
北美經銷處	紐約東初禪寺 Chan Meditation Center (New York, USA) Tel: (718)592-6593 Fax: (718)592-0717

國家圖書館出版品預行編目資料

早晚課50問 / 法鼓文化編輯部編著. -- 初版.
-- 臺北市 : 法鼓文化, 2017.11
面； 公分
ISBN 978-957-598-765-7（平裝）

1.佛教諷誦 2.問題集

224.3022 106018041